Pan Twardowski

Mister Twardowski
Herr Twardowski

Ilustracje: Stanisław Dzięcioł

Tłumaczenie: Wojciech Graniczewski i Ramon Shindler, ZTP Sigillum

Dawnymi czasy mieszkał w Krakowie pewien sławny wielce szlachcic. Nazywał się Twardowski. Czemuż był tak znany? Przecież ani niezwykle pięknym, ni bogatym nadzwyczajnie nie był. Jedyne co go spośród zwykłych śmiertelników wyróżniało, to ogromna żądza wiedzy. Od lat młodzieńczych przesiadywał w swej komnacie i księgi mądre studiował. Czytał, tajemne formuły poznawał, a i czarną magią się parał. Nieraz aż do pierwszego kogutów piania przy nikłym ogarku świecy medytował i umysł swój kształcił.

Once upon a time there lived in Cracow a well – known gentleman, whose name was Twardowski. To what did he owe his fame? He was neither handsome nor particularly rich. The only thing which distinguished him from ordinary mortals was his thirst for knowledge. From the days of his youth, he would sit in his room and pore over books of wisdom. He read, learned secret formulae and delved into black magic. At times he would meditate and broaden his mind over a flickering candle until the first cock crowed.

Einst wohnte in Krakau ein sehr berühmter Edelmann. Er hieß Twardowski. Warum war er wohl so bekannt? War er doch weder besonders schön noch außerordentlich reich. Eines, was ihn unter den gewöhnlichen Sterblichen auszeichnete, war der enorme Drang nach Wissen. Seit seinen jungen Jahren hielt er sich stets in seinem Zimmer auf und studierte kluge Bücher. Er las, lernte geheime Formeln kennen und beschäftigte sich sogar mit der Schwarzen Magie. Manchmal meditierte er, bis der erste Hahn krähte, beim Licht eines kleinen Kerzenstummels und bildete seinen Geist.

Któregoś świtania, gdy blade słońce wypuszczało swe nieśmiałe promienie, a ogarek dawał nikły płomień, w jednej z tajemnych ksiąg Pan Twardowski znalazł przedziwne zaklęcie:

Aby czart był twoim sługą
I wypełniał twe rozkazy
Czyste złoto w dłonie ujmij
I zaklaskaj cztery razy.
Wnet na twoje zawołanie
Poprzez magii czarnej pęta
Diabeł tu przed tobą stanie
Twe rozkazy zapamięta.

Gdy tylko ostatnie ze słów zeszło z ust Mistrza Twardowskiego, przed obliczem jego stanął bies – jak malowany.

One day at daybreak as the faint rays of the sun came into the room and the flame from the candle was slowly fading, in one of his mysterious books Twardowski came across a strange spell:

For the devil to serve you
And to perform your orders well
Hold a piece of gold that's true
Clap your hands four times and tell
With this old black magic spell
Satan's presence I demand
Come here, devil, straight from hell
And listen well to my command!

No sooner had the final words passed from Twardowski's lips than the Evil One, the very same, appeared before him.

Eines Tages im Morgengrauen, als die blasse Sonne ihre ersten scheuen Strahlen ausschickte und der Stummel nur noch mit kümmerlicher Flamme brannte, fand Herr Twardowski in einem geheimen Buch eine sonderbare Zauberformel:

Auf dass dein Diener sei der Teufel
Und dir gehorche ohne Zweifel,
Nimm reines Gold in deine Hände
Und klatsche viermal dann am Ende.
Brauchst Hilfe du, so ruf ihn an,
Gefesselt durch des Zaubers Bann
Kommt er leibhaftig in dein Haus,
Alle Befehle führt er aus.

Als das letzte Wort Meister Twardowskis Lippen verlassen hatte, erschien vor seinem Antlitz ein Teufel – wie gemalt.

Osmolona gęba, małe czerwone różki, a zamiast butów kopytka. Spojrzał czart na Twardowskiego i skłonił się nisko. Mefistofeles było synowi piekieł na imię. Zgodził się z wielką chęcią służyć temu, kto go wezwał, postawił jednak warunek. W zamian za czarcie usługi Twardowski będzie musiał oddać diabłu duszę. Mistrz długo targował się z Mefistofelesem, bowiem stawka była nie lada. Ustalono wreszcie, że diabły porwą duszę szlachcica tylko wtedy, gdy ten do Rzymu przybędzie. Czarnoksiężnikowi droga do papieskiej stolicy w głowie nie była, więc szczęśliwy, że samego diabła przechytrzyć zdołał, na czarcie warunki przystał i własną krwią umowę, zwaną cyrografem, podpisał.

A blackened face, small red horns and hooves instead of boots. The fiend looked at Twardowski and took a bow. Mephistopheles was the name of this son of hell. With great delight he agreed to serve the one who had summoned him, but on one condition. In return for the devil's services, Twardowski would have to give him his soul. For a long time he bargained with Mephistopheles, as staking his soul was not a trifle. They finally came to an agreement which said that the servants of hell could snatch him and take him away, but only if he happened to be in Rome. A trip to the seat of the papacy was not what the master of black magic had in mind so he was very happy that had managed to outwit the devil himself. He accepted the conditions of this diabolic agreement and signed the pledge in his own blood.

Versengte Fratze, kleine rote Hörner und statt Schuhen Hufe. Der Teufel blickte auf Twardowski und verbeugte sich tief. Mephistopheles war der Name des Höllensohnes. Sehr gerne war er bereit demjenigen zu dienen, der ihn gerufen hatte. Eine Bedingung stellte er jedoch. Für seine teuflischen Dienste würde Twardowski dem Teufel seine Seele geben müssen. Der Meister feilschte lange mit Mephisto, denn der Einsatz war beträchtlich. Schließlich wurde vereinbart, dass die Teufel dem Edelmann die Seele nur dann entreißen dürften, wenn er in Rom eingetroffen sei. Eine Reise in die päpstliche Residenz kam dem Hexenmeister gar nicht in den Sinn. Daher glücklich, dass er sogar den Teufel überlisten konnte, nahm er die teuflischen Bedingungen an und unterschrieb den Vertrag mit dem Teufel, Pakt genannt, mit seinem eigenen Blut.

Zaraz też Twardowski nowego sługę na próby wszelkie wystawiać począł. Rozkazał diabłu złoto z całej Polski w jednym miejscu zgromadzić, tak by w Olkuszu kopalnia drogocennego kruszcu powstała. To znów głaz ogromny, do maczugi podobny, na najcieńszym końcu ustawić wymyślił. Od tamtej pory w Pieskowej Skale podziwiać można słynną Maczugę Herkulesa.

Twardowski began to use the services of his new subject right away. He commanded the devil to store gold from all over Poland in one spot and soon there was a gold mine in the nearby town of Olkusz. On another occasion he ordered that a large stone in the shape of a club be placed so that it stood on its narrow end. Ever since that time in the village of Pieskowa Skała you can see a famous rock called the Club of Hercules.

Sofort auch begann Twardowski den neuen Diener auf alle möglichen Proben zu stellen. Er ließ den Teufel Gold aus ganz Polen an einer Stelle zusammentragen, so dass in Olkusz eine Grube dieses edlen Metalls entstand. Dann wiederum dachte er sich aus, einen gewaltigen, einer Keule ähnlichen Felsen auf die Spitze zu stellen. Seit dieser Zeit kann man in Pieskowa Skała die berühmte Herkuleskeule bewundern.

Innego dnia Pan Twardowski kaprys miał, by koguta olbrzymiego dosiąść i przez krakowski Rynek na nim popędzić. Później zaś konia malowanego ożywić rozkazał. Rozporządzał biesami według swej fantazji, nigdy jednak ludziom nie szkodząc. Ba, niejednokrotnie cudowną sztuką uzdrawiania życie ludzkie ratował. Założył też w górach pracownię alchemiczną, gdzie młodzież w tajniki tej trudnej sztuki wprowadzał.

Another time Twardowski had the following whim: he wanted to mount a huge rooster and ride on it across the main square in Cracow. On another occasion he told the devil to bring a painted horse to life. He had the fiends perform everything that took his fancy, without, however, causing harm to a living soul. And, in addition, on more than one occasion he saved human life with his miraculous craft. He also set up an alchemist's practice in the mountains where young people could delve into the secrets of this difficult art.

An einem anderen Tage hatte Herr Twardowski die Marotte, auf einen riesengroßen Hahn zu steigen und auf ihm über den Krakauer Markt zu reiten. Anschließend wiederum befahl er, ein gemaltes Pferd zum Leben zu erwecken. Er verfügte über die Teufel gerade so wie es ihm einfiel, ohne jedoch den Menschen dabei zu schaden. Im Gegenteil, nicht nur einmal rettete er mit seiner wunderbaren Kunst des Gesundmachens menschliches Leben. Im Gebirge richtete er auch eine Alchimistenküche ein, wo er die Jugend in die Geheimnisse dieser schwierigen Kunst einführte.

Tak wysługiwał się szlachcic Mefistofelesem przez lat siedem, aż ten cierpliwość do swego Pana całkiem stracił. Widząc, że Twardowskiemu do Rzymu nie spieszno, postanowił duszę Mistrza podstępem zdobyć. Na rozstaju dróg, tuż za murami miasta Krakowa, zdecydował karczmę wystawić, do której fortelem sprytnym zwabić szlachcica miał zamiar. Prace nie trwały długo, do pomocy bowiem zaprzągł Mefistofeles wszystkich mieszkańców piekieł. Uwijały się diabły z robotą, aż furczały ich czarne ogony i niebawem gospoda jak się patrzy stała już gotowa na przyjęcie pierwszych gości. Pozostawało jeszcze szyld z nazwą zawiesić. Jak gospodę ochrzczono, pewnie się domyślacie. Macie rację, na dębowej desce, czarnymi jak smoła literami, RZYM było napisane.

For seven long years Mephistopheles made himself available at the nobleman's request, until one day he lost all patience for his master. Seeing that Twardowski was in no hurry to get to Rome, he decided to win his soul by crooked means. At the crossroads, just beyond the city walls of Cracow, he built a tavern to which he planned to lure his master by a cunning trick. This work did not take long as Mephistopheles engaged all the infernal inhabitants. The devils worked like hell, their black tails whirring. Soon the tavern was erected and ready to welcome the first guests. All that remained was to hang a sign. You probably know by now what name was chosen. You are right. There, in pitch-black letters, on an oaken board, was the word: ROME.

So bediente sich der Edelmann sieben Jahre lang des Mephistopheles, bis dieser die Geduld für seinen Herrn verlor. Als er sah, dass es Twardowski nicht eilig hatte nach Rom zu kommen, beschloss er, die Seele des Meisters mit einer List zu gewinnen. An einer Straßenkreuzung, dicht hinter den Mauern der Stadt Krakau, ließ er eine Kaschemme errichten, in die er den Edelmann mit einem schlauen Manöver zu locken beabsichtigte. Die Arbeit dauerte nicht lange, denn zur Hilfe spannte Mephistopheles alle Höllenbewohner ein. Hin und her flitzten die Teufel bei der Arbeit, so dass ihre schwarzen Schwänze schwirrten, und bald stand das Wirtshaus wie gemalt da, bereit die ersten Gäste zu empfangen. Es blieb nur noch übrig, ein Schild mit dem Namen aufzuhängen. Wie das Wirtshaus getauft wurde, könnt ihr euch sicher denken. Ja, Ihr habt recht, auf dem Eichenbrett stand mit pechschwarzen Buchstaben ROM.

13

Słońce już się miało ku zachodowi, gdy Pan Twardowski głośne pukanie do drzwi swej komnaty usłyszał. Zaraz też wszedł posłaniec nieznany z wieścią, że pan jego w oberży u bram miasta kona. Mistrz, że medykiem był znanym, wnet płaszcz swój przywdział, kuferek z medykamentami pochwycił i co sił w nogach popędził. W mig był na miejscu. Stojącego przed wrotami pięknej gospody myśl niepokojąca dopadła: „O istnieniu miejsca takiego nigdy nie słyszałem, choć krakowskie okolice świetnie znam". Zaraz jednak rozważań zaniechał, gdyż do chorego spieszno mu było. Kiedy już wrota karczmy zamknęły się za nim, ujrzał przed sobą oblicze Mefistofelesa. Zrozumiał, że wpadł w diabelską pułapkę.

That very day, not long before sunset, Twardowski heard a loud knocking on his door. Then an unknown messenger entered and said that his master lay dying in an inn not far from the gates of the town. As Twardowski was a well-known medical practitioner, he immediately donned his coat, grabbed his medicine bag and rushed to the patient as fast as he could. As he neared the beautiful tavern an anxious thought crossed his mind: "Never have I heard of this place, though the surroundings of Cracow are known to me well". Yet he soon abandoned his doubts as he wanted to get to the sick man as quickly as he possibly could. As the doors of the tavern closed behind him he beheld the face of Mephistopheles and understood that he had fallen into the devil's trap.

Die Sonne war gerade vor dem Untergehen, als Herr Twardowski ein lautes Klopfen an der Zimmertür hörte. Sofort trat auch ein unbekannter Bote mit der Nachricht ein, dass sein Herr in einem Gasthof vor den Stadttoren im Sterben liege. Der Meister, ein bekannter Medikus, zog sofort seinen Mantel über, ergriff seinen Koffer mit Medikamenten und eilte, so schnell ihn die Füße trugen, zum Gasthof. Im Handumdrehen war er an Ort und Stelle. Als er vor dem Tor des schönen Wirtshauses stand, beschlich ihn ein beunruhigendes Gefühl: „Von diesem Platz habe ich noch nie gehört, obwohl ich die Krakauer Umgebung sehr gut kenne". Sofort aber ließ er den Gedanken fallen, denn er hatte es eilig, zu dem Kranken zu kommen. Als die Tür der Kaschemme hinter ihm zufiel, blickte er dem Mephistopheles ins Antlitz. Er verstand, dass er in die teuflische Falle geraten war.

Postanowił jednak nie poddawać się bez walki. Wyjął z zanadrza swej kapoty poświęcony krucyfiks, który od momentu podpisania cyrografu nosił przy sobie. „Zgiń, przepadnij siło nieczysta!” – wykrzyknął. Lecz na to czart odpowiedział, że szlachecki honor do dotrzymywania słowa zobowiązuje i nie godzien polskim szlachcicem się nazywać, kto raz dane słowo łamie. Pochwycił Twardowskiego w swoje czarne jak smoła łapy i runął z nim w otchłań piekielną.

He decided, nevertheless, not to yield the devil without a good fight, He took out the holy crucifix which he had carried with him from the very moment of signing his pledge and exclaimed: "Perish and die thou abominable power!" But the devil replied that a nobleman's honour obliged him to keep his word and should he break it he would no longer be entitled to call himself noble. He then grabbed Twardowski in his pitch-black paws and they both fell into the infernal chasm.

Er beschloss jedoch, sich nicht ohne Kampf zu ergeben. Aus dem Innern seines Umhangs holte er ein geweihtes Kruzifix, das er seit er den Pakt unterschrieben hatte, immer bei sich trug. „Hinweg, verschwinde, Leibhaftiger!” – stieß er hervor. Der Teufel entgegnete aber darauf, die Ehre der Edelmänner gebiete es, sein Wort zu halten, und derjenige sei es nicht wert sich polnischer Edelmann zu nennen, der sein einmal gegebenes Wort bricht. Er packte Twardowski mit seinen pechschwarzen Pranken und fuhr mit ihm in den höllischen Abgrund.

„Nie oddam duszy na wieczne potępienie" – pomyślał Mistrz. Nagle przypomniał sobie czasy dzieciństwa, kiedy z matką śpiewał pieśni ku czci Najświętszej Marii Panny. Wypowiedział Twardowski na głos słowa starej modlitwy. I cud się stał. Prysła nagle moc szatana. Mefistofeles sam spadł na dno piekła, a Twardowski począł się unosić wyżej i wyżej. Wkrótce minął Ziemię, a oczom jego ukazała się księżycowa tarcza. Tam właśnie mocą samego Stwórcy został zawieszony, a z obłoków rozległ się donośny głos: „Za karę, żeś się zbratał z samym czartem, zostaniesz tutaj aż do Dnia Sądu Ostatecznego". Gdy słońce zajdzie i mrok otuli ziemię, spójrz czasem na srebrną, zawieszoną na niebie kulę. Może poprzez mgłę dostrzeżesz małą czarną plamkę. Mędrcy powiadają, że to księżycowy krater. Ja jednak wierzę, że to cień Mistrza Twardowskiego, który cudem z piekła ocalony, czeka Bożego zmiłowania.

"Never shall I give my soul to eternal damnation" – thought Twardowski. Then suddenly he remembered how as a child, together with his mother, he sang hymns to the Holy Virgin Mary. As soon as he uttered an old prayer, the devil's power miraculously vanished and Mephistopheles descended to the depths of hell. At the same time Twardowski began to rise higher and higher. He passed the Earth and the face of the Moon soon appeared before him. This is where he was placed by the Almighty himself. A loud voice boomed from the clouds: "To punish you for having fraternised with the devil, as you did, you will remain here until doomsday." When night falls take a look at the silver moon. Maybe you will notice a small black spot. Wise men say that it is a lunar crater. But I believe it is the shadow of Twardowski, the master of black magic who was miraculously saved from hell and who still awaits the mercy of God.

„Meine Seele gebe ich für die ewige Verdammung nicht her" – dachte der Meister. Plötzlich erinnerte er sich an die Zeit seiner Kindheit, als er mit der Mutter Lieder zu Ehren der heiligen Jungfrau Maria gesungen hatte. Er sprach die Worte eines alten Gebetes laut aus. Und es geschah ein Wunder. Die Kraft des Satans zersprang. Mephistopheles selbst stürzte zum Grund der Hölle und Twardowski begann sich höher und immer höher zu erheben. Bald hatte er die Erde verlassen und vor seinen Augen erschien die Scheibe des Mondes. Und dort wurde er kraft des Schöpfers selbst an den Mond angebunden. Von den Wolken ertönte eine dröhnende Stimme: „Als Strafe dafür, dass du dich mit dem Teufel selbst verbrüdert hast, bleibst du hier bis zum Tage des Jüngsten Gerichtes". Wenn die Sonne untergeht und die Dämmerung die Erde umhüllt, schau manchmal auf die silberne, am Himmel hängende Kugel. Vielleicht erblickst du durch den Nebel einen kleinen schwarzen Fleck. Die Weisen sagen, dass das ein Mondkrater sei. Ich glaube jedoch, dass es der Schatten des Meisters Twardowski ist, der, wie durch ein Wunder aus der Hölle gerettet, auf das Erbarmen Gottes wartet.

© Wydawnictwo Astra

31-026 Kraków, ul. Radziwiłłowska 26/2
tel./fax (12) 292 07 30,
0602 747 012, 0602 256 638
www.wydawnictwoastra.pl

ISBN 978-83-916016-4-1